Celebremos la Recuperación

Cómo
hacer un
Inventario
Honesto
yEspiritual

Guía 2 del Participante

Rick Warren es el pastor principal de la iglesia Saddleback en Misión Viejo, California (www.saddleback.com), una iglesia que se fundó en 1980 y que ha crecido hasta tener una asistencia semanal de alrededor de 14,000 personas. Es autor del libro *Una Iglesia con Propósito*, el cual fue galardonado con el premio Medallón de Oro y constituyó un gran éxito de ventas. También es autor de *Una vida con propósito*, *Respuestas a las dificultades de la vida* y *El poder de trasformar tu vida*, entre otros.

John Baker desarrolló el ministerio Celebremos la Recuperación en la iglesia de Saddleback en 1991. En la actualidad sirve como pastor de ministerios, supervisa totalmente el proceso C.L.A.S.E 301, que cuenta con un personal de más de 150 ministerios, y ayuda a iniciar otros ministerios nuevos. Además supervisa el desarrollo e implementación del excepcional programa de consejería legal de Saddleback.

Celebremos la Recuperación

Cómo hacer un Inventario Honesto y Espiritual

Guía 2 del Participante

Un programa de recuperación basado en los ocho
principios de las Bienaventuranzas

JOHN BAKER
Inventario Espiritual por Rick Warren

$\mathscr{L}$a misión de Editorial Vida es proporcionar los recursos
necesarios a fin de alcanzar a las personas para Jesucristo
y ayudarlas a crecer en su fe.

©2003 Editorial Vida
Miami, Florida

Publicado en inglés bajo el título:
Taking an Honest and Spiritual Inventory
por The Zondervan Corporation
©1998 por John Baker

Traducción / Edición: *Purpose Driven Ministries*
Diseño interior: *Eugenia Chinchilla*
Diseño de cubierta: *Cynthia Tobey*

Reservados todos los derechos

ISBN 0-8297-3838-X

Categoría: *Ministerio cristiano*

Impreso en Estados Unidos de América
Printed in the United States of America

08 09 10 ❖ 12 11 10 09 08 07

Contenido

PRÓLOGO

RICK WARREN

Sin duda ha escuchado la expresión «el tiempo sana todas las heridas». Desdichadamente, no es verdad. Como pastor, frecuentemente hablo con gente que todavía está llevando consigo heridas desde hace 30 ó 40 años. La verdad es que el tiempo muy a menudo hace que las cosas empeoren. Las heridas que se dejan sin ser atendidas supuran y esparcen la infección alrededor de todo el cuerpo. El tiempo sólo extiende el dolor si el problema no es tratado.

Celebremos la Recuperación es un programa bíblico y balanceado para ayudar a la gente a vencer sus heridas, hábitos y frustraciones. Basado en las palabras reales de Jesús, más que en teoría sicológica, este programa de recuperación es más efectivo en ayudar a la gente a cambiar que cualquier otro que haya oído o visto. Por muchos años he sido testigo de cómo el Espíritu Santo ha usado este programa para transformar literalmente a miles de vidas en la iglesia Saddleback y así mismo ha ayudado a mucha gente a crecer hacia una completa madurez cristiana.

Tal vez esté familiarizado con el clásico programa *12 Pasos de Alcohólicos Anónimos* y de otros grupos. Aunque indudablemente muchas vidas han sido ayudadas a través de los 12 Pasos, siempre me he sentido incómodo con la ambigüedad del programa acerca de la naturaleza de Dios, el poder salvador de Jesucristo y el ministerio del Espíritu Santo. Así que inicié un estudio intenso de las Escrituras para descubrir lo que Dios tenía que decir acerca de la «recuperación». Para mi asombro, encontré los principios de recuperación -en su orden lógico- dados por Cristo en su más famoso mensaje, el Sermón del Monte.

Mi estudio se convitió en una serie de mensajes de diez semanas llamado «El Camino a la Recuperación». Durante esa serie mi pastor asociado, John Baker, desarrolló las guías de los participantes, las cuales llegaron a ser el corazón de nuestro programa de *Celebremos la Recuperación*.

Al trabajar en las guías del participante, confío en que llegará a darse cuenta de los muchos beneficios de este programa. Pero más que todo, mi oración por usted es que, por medio de *Celebremos la Recuperación* profundice en la paz y eterna libertad en Jesucristo al recorrer su propio camino a la recuperación.

Dr. Rick Warren
Pastor
Iglesia de la Comunidad del Valle Saddleback

Introducción

El propósito de este programa es permitirnos ser libres de las heridas, complejos y hábitos de nuestra vida. Al trabajar a través de los ocho principios de recuperación encontrados en las Bienaventuranzas con Jesucristo como su Poder Superior, ¡usted puede y va a cambiar! Comenzará a experimentar la verdadera paz y serenidad que ha estado buscando, y ya no tendrá más que apoyarse en sus comportamientos disfuncionales, compulsivos y adictivos como una «dosis» temporal para su dolor.

Al aplicar los principios bíblicos de convicción, conversión, entrega, confesión, restitución, oración, de momentos de quietud, de testificar y ayudarse los unos a los otros, que se encuentran consecutivamente en los ocho principios y en los doce pasos Cristo-céntricos, usted será restaurado y desarrollará una fuerte relación con Dios y con los demás.

Ha completado los primeros tres principios de la mejor manera que ha podido hacerlo: se ha puesto «a cuenta con Dios». Ahora, mientras se prepara para trabajar el Principio 4, usted comenzará el caminar de «ponerse a cuenta con usted mismo» (Principios del 4 al 5).

Después de cada lección hay un ejercicio para completar. Conteste cada pregunta lo mejor que pueda. No se preocupe por lo que piense que debería responder. Ore y luego escríbala de lo profundo de su corazón. Recuerde Juan 8:32: «Y conocerán la verdad y la verdad les hará libres».

Luego que haya completado el ejercicio, compártalo con alguien en quien confíe. Su grupo, un compañero de rendición de cuentas, su mentor (esto está explicado en la lección 8) o un amigo que esté en el programa, son todas las opciones. Usted no se recupera de sus heridas, complejos y hábitos solamente al asistir a las reuniones de recuperación. ¡Debe trabajar y vivir los principios!

EL CAMINO A LA RECUPERACIÓN

Ocho Principios Basados en las Bienaventuranzas
Por Pastor Rick Warren

1. **R**econozco que no soy Dios. Admito que no tengo el poder para controlar mi tendencia a hacer lo malo y que mi vida es inmanejable.
   Dichosos los pobres en espíritu.

2. **E**n una forma sincera creo que Dios existe, que le intereso, y que Él tiene el poder para ayudarme en mi recuperación.
   Dichosos los que lloran, porque serán consolados.

3. **C**onscientemente decido comprometer toda mi vida y voluntad al cuidado y control de Cristo.
   Dichosos los humildes.

4. **U**na apertura para un autoexamen y confesión de mis faltas a Dios y a alguien en quien confío.
   Dichosos los de corazón limpio.

5. **P**ara que Dios pueda hacer los cambios en mi vida, me someto voluntariamente a Él y con humildad le pido que remueva mis defectos de carácter.
   Dichosos los que tienen hambre y sed de justicia.

6. **E**valúo mis relaciones. Ofrezco perdón a aquellos que me han dañado y enmiendo los daños que he ocasionado a otros, excepto si al hacerlo les dañara a ellos u otros.
   Dichosos los compasivos. Dichosos los que trabajan por la paz.

7. **R**eservo un tiempo diario con Dios para una auto evaluación, lectura de la Biblia y oración para conocer a Dios y Su voluntad para mi vida y obtener el poder para seguirla.

8. **A**l rendir mi vida a Dios para ser usada, puedo llevar estas Buenas Nuevas a otros, tanto con mi ejemplo como con mis palabras.
   Dichosos los perseguidos por causa de la justicia, porque el reino de los cielos les pertenece.

DOCE PASOS
Y SUS COMPARACIONES BÍBLICAS

1. Admitimos que no teníamos el poder sobre nuestras adicciones y comportamientos compulsivos; que nuestras vidas llegaron a ser inmanejables.

Yo sé que en mí, es decir, en mi naturaleza pecaminosa, nada bueno habita. Aunque deseo hacer lo bueno, no soy capaz de hacerlo (Romanos 7:18 NVI).

2. Llegamos a creer que un poder más grande que nosotros podía restaurarnos por completo.

Pues Dios es quien produce en ustedes tanto el querer como el hacer para que se cumpla su buena voluntad (Filipenses 2:13 NVI).

3. Tomamos la decisión de entregar nuestra voluntad y nuestras vidas al cuidado de Dios.

Por lo tanto, hermanos, tomando en cuenta la misericordia de Dios, les ruego que cada uno de ustedes, en adoración espiritual, ofrezca su cuerpo como sacrificio vivo, santo y agradable a Dios (Romanos 12:1 NVI).

4. Hicimos una búsqueda y un audaz inventario moral de nosotros.

Hagamos un examen de conciencia y volvamos al camino del Señor (Lamentaciones 3:40 NVI).

5. Admitimos a Dios y a nosotros mismos y a otro ser humano, la naturaleza exacta de nuestros pecados.

Por eso, confiésense unos a otros sus pecados, y oren unos por otros, para que sean sanados (Santiago 5:16 NVI).

6. Estábamos completamente listos para que Dios removiera todos nuestros defectos de carácter.

Humíllense delante del Señor, y él los exaltará (Santiago 4:10 NVI).

7. Humildemente le pedimos a Dios que quitara todas nuestras deficiencias.

Si confesamos nuestros pecados, Dios, que es fiel y justo, nos los perdonará y nos limpiará de toda maldad (1 Juan 1:9 NVI).

8. Hicimos una lista de todas las personas que habíamos dañado y estuvimos dispuestos a enmendar todo lo que les habíamos hecho.

Traten a los demás tal y como quieren que ellos los traten a ustedes (Lucas 6:31 NVI).

9. Hicimos arreglos directos con las personas cuando fue posible, excepto cuando eso podría dañarles a ellas o a otras.

Por lo tanto, si estás presentando tu ofrenda en el altar y allí recuerdas que tu hermano tiene algo contra ti, deja tu ofrenda allí delante del altar. Ve primero y reconcíliate con tu hermano; luego vuelve y presenta tu ofrenda (Mateo 5:23-24 NVI).

10. Seguimos haciendo un inventario personal y cuando nos equivocamos, rápidamente lo admitimos.

Por lo tanto, si alguien piensa que está firme, tenga cuidado de no caer (1 Corintios 10:12 NVI).

11. A través de la oración y la meditación buscamos mejorar nuestra relación con Dios, orando sólo para conocer Su voluntad para nosotros y poder para llevarla a cabo.

Que habite en ustedes la palabra de Cristo con toda su riqueza (Colosenses 3:16ª NVI).

12. Habiendo tenido una experiencia personal como resultado de estos pasos, intentamos llevar este mensaje a otros y practicar esos principios en todas nuestras áreas.

Hermanos, si alguien es sorprendido en pecado, ustedes que son espirituales deben restaurarlo con una actitud humilde. Pero cuídese cada uno, porque también puede ser tentado (Gálatas 6:1 NVI).

ORACIÓN
DE SERENIDAD

Si usted ha asistido a programas seculares de recuperación, ha visto las primeras cuatro frases de la «Oración de Serenidad». La siguiente es la oración completa. ¡Le animo a orarla diariamente al trabajar los principios!

Oración de Serenidad

Dios, concédeme la serenidad
Para aceptar las cosas que no puedo cambiar,
El valor para cambiar las cosas que sí puedo cambiar,
Y la sabiduría para conocer la diferencia.
Viviendo un día a la vez;
Disfrutando un momento a la vez;
Aceptando la dificultad como el camino hacia la paz;
Tomando, como Jesús lo hizo,
Este mundo pecador tal cual es,
No como sería;
Confiando que Tú harás que todo salga bien
Si me entrego a Tu voluntad;
Para que sea razonablemente feliz en esta vida
Y sumamente feliz contigo por siempre en la eternidad.
Amén.

REINHOLD NIEBUHR

Moral

Principio 4: Abiertamente examino y confieso mis faltas a mí mismo, a Dios y a alguien en quien confío.
Dichosos los de corazón limpio.

Paso 4: Hicimos una búsqueda y un audaz inventario moral de nosotros.
Hagamos un examen de conciencia y volvamos al camino del Señor (Lamentaciones 3:40 NVI).

Piense en esto

En este principio necesita enumerar (inventariar) todos los hechos significativos –buenos o malos– en su vida. Necesita ser tan honesto como pueda para permitirle a Dios mostrarle su parte en este aspecto y cómo le afectó tanto a usted como a otros. El acróstico de MORAL nos muestra cómo comenzar.

Meditar

Aparte un tiempo especial para comenzar su inventario. Programe una cita con usted mismo. ¡Designe un día o un fin de semana para estar a solas con Dios! Aclare su mente del ajetreo de la vida diaria.
De lo contrario, escúchame en silencio y yo te impartiré sabiduría (Job 33:33 NVI).

Osadamente abrirse

Abra su corazón y su mente para confesar los sentimientos de dolor del pasado que le han bloqueado o causado su negación. ¡Intente «despertar» sus sentimientos! ¡Es oportuno! Pregúntese, «¿De qué me siento culpable? ¿De qué estoy resentido? ¿A qué le temo? ¿Estoy atrapado(a) por la autocompasión, excusas, pensamientos deshonestos?

Por lo que a mí toca, no guardaré silencio; la angustia de mi alma me lleva a hablar, la amargura en que vivo me obliga a protestar (Job 7:11 NVI).

Reposar en Dios

Confiar en Jesús, su Poder Superior, para darle el valor y la fuerza que este ejercicio requiere.

Amen al Señor, todos sus fieles; él protege a los dignos de confianza, pero a los orgullosos les da su merecido. Cobren ánimo y ármense de valor, todos los que en el Señor esperan (Salmo 31:23-24 NVI).

Analizar

Analice su pasado honestamente. ¡Para hacer un inventario moral «minucioso y audaz», debe salir de su negación!

Eso es todo lo que la palabra moral significa – honesto. ¡Este paso requiere ver a través de su negación del pasado hacia la verdad!

El Señor nos dio mente y conciencia; no podemos escondernos de nosotros mismos (Proverbios 20:27 DHH).

Liste los acontecimientos

Enumere tanto lo bueno como lo malo. ¡Mantenga su inventario en balance! Si mira solamente las cosas malas de su pasado, distorsionará su inventario y se expondrá a un dolor innecesario.

Hagamos un examen de conciencia y volvamos al camino del Señor (Lamentaciones 3:40 NVI).

El versículo no dice, «examine sólo sus caminos malos y negativos». ¡Necesita honestamente enfocarse en los pro *y* los contra de su pasado!

Al recopilar su inventario, encontrará que se ha causado daño a usted mismo y a otras personas. ¡Ningún inventario (vida) es perfecto! Todos nos hemos «equivocado» en algún área de nuestra vida. En Recuperación no vivimos en el pasado, pero necesitamos entenderlo para comenzar a permitirle a Dios que nos cambie. Jesús nos dijo: «Mi propósito es dar vida en abundancia» (Juan 10: 10 NVI).

Oración del Principio 4

Querido Dios, tú conoces nuestro pasado, todas las cosas buenas y malas que hemos hecho. En este principio te pedimos que nos des la fortaleza y el ánimo de hacer una lista para que podamos «volvernos transparentes» y afrontarlo como la verdad. Por favor, ayúdanos a alcanzar a otros que has puesto a lo largo de nuestro «camino a la recuperación». Gracias por proveerlos para ayudarnos a seguir equilibrados al hacer nuestros inventarios. En el nombre de Cristo oro. AMÉN.

Una Palabra de Advertencia

Esta lección es para prepararle para el trabajo que le espera. ¡NO comience este principio sin un mentor o un fuerte compañero a quien rendirle cuentas! En la lección 8 descubrirá cómo construir su «equipo de apoyo».

Escriba acerca de esto

1. ¿A qué lugar irá para tener un tiempo en silencio y así comenzar su inventario?

2. ¿Qué día ha asignado para comenzar? ¿A qué hora?

3. ¿Cuáles son sus temores al comenzar su inventario? ¿Por qué?

4. ¿Qué puede hacer para «despertar» sus sentimientos?

5. Describa su experiencia de entregar su vida a Cristo.

6. ¿De qué manera piensa entregar su voluntad al cuidado de Dios diariamente?

7. Haga una lista de las cosas que ha utilizado para bloquear el dolor de su pasado.

8. ¿Qué ha hecho para salir de su negación?

9. ¿Cómo puede seguir encontrando nuevas maneras para salir de su negación del pasado?

10. ¿Por qué es importante hacer un inventario escrito?

11. ¿Cuáles son algunas de las cosas buenas que ha hecho en el pasado?

12. ¿Cuáles son algunas cosas negativas que ha hecho en el pasado?

13 ¿Tiene un mentor o compañero a quien rendirle cuentas para ayudarle a que su inventario siga balanceado?

Mentor

Principio 4: Abiertamente examino y confieso mis faltas a mí mismo, a Dios y a alguien en quien confío.
Dichosos los de corazón limpio.

Paso 4: Hicimos una búsqueda y un audaz inventario de nosotros mismos.
Hagamos un examen de conciencia y volvamos al camino del Señor.
Lamentaciones 3:40

Piense en esto

Usted ha escuchado la palabra mentor desde hace unas semanas. Estoy seguro que tiene una idea vaga de lo que es un mentor, pero tal vez se esté preguntando por qué necesita uno.

¿**P**or qué necesito un mentor?
Hay tres razones de por qué es vital tener un mentor.

Tener un mentor o compañero de rendición de cuentas es algo bíblico

«*Dos son mejores que uno, porque juntos pueden trabajar más efectivamente. Si uno de ellos cae, el otro puede ayudarle a levantarse. Pero si alguien está solo ... no hay nadie para ayudarle ... Dos hombres pueden resistir un ataque que derrotaría a uno solo*». (Eclesiastés 4:9-12 DHH)

El hierro se afila con el hierro, y el hombre en el trato con el hombre (Proverbios 27:17 NVI).

Tener un mentor o compañero de rendición de cuentas es una clave de su programa de recuperación

Su programa de recuperación tiene cuatro elementos clave para tener éxito:

• Con lo mejor que pueda, mantenga una vista **honesta** de la realidad al *trabajar* en cada principio. La mejor manera para asegurar esto es tener un mentor y desarrollar un equipo de apoyo fuerte.

• Haga de sus **reuniones** de grupo de recuperación una prioridad en su horario. Saber que un mentor o compañero a quien rendir cuentas estará allí para saludarle o para darse cuenta que usted no está es un incentivo para que asista.

• Mantener su **programa espiritual** con Jesucristo, a través de la oración, la meditación y el estudio de Su Palabra.

• Involúcrese en el **servicio**, lo cual incluye servir como un mentor o como compañero a quien rendir cuentas.

Tener un mentor es la mejor protección contra una recaída

Al proveer retroalimentación para mantenerle en el camino, ellos pueden ver sus antiguas heridas, complejos y hábitos disfuncionales que vuelven a aparecer y señalárselos a usted rápidamente. Pueden confrontarle con la verdad, en amor y sin hacerle sentir culpable o avergonzado.

¿Cuáles son las cualidades de un mentor?

Los pensamientos humanos son aguas profundas; el que es inteligente los capta fácilmente (Proverbios 20:5 NVI).

Cuando elija un mentor, hágase las siguientes preguntas:

1. ¿Está de acuerdo su actitud con lo que habla? ¿Está viviendo los ocho principios?

2. ¿Tiene una relación creciente con Jesucristo?

3. ¿Expresa el deseo de ayudar a otros en el «camino a la recuperación?»

4. ¿Muestra compasión, cuidado, esperanza y no lástima?

5. ¿Es un buen oyente?

6. ¿Es lo suficientemente fuerte como para confrontarle con su negación o retraso?

7. ¿Ofrece sugerencias?

8. ¿Puede compartir sus propias luchas actuales con otros?

¿Cuál es el trabajo de un mentor?

1. Puede estar allí para hablar aspectos en detalle que son muy personales o tomarían mucho tiempo en una reunión.

2. Está disponible en tiempos de crisis o de una posible recaída.

3. Sirve como una caja de resonancia al proveer puntos de vista objetivos.

4. Está allí para animarle a trabajar los principios a su propia velocidad. ¡No para trabajar los principios por usted!

5. Y lo más importante, intenta modelar su estilo de vida como resultado de trabajar los 8 Principios.

6. Un mentor puede renunciar o usted lo puede despedir.

¿Cómo encuentro un mentor?

Primero, su mentor o compañero a quien rendir cuentas DEBE

ser del mismo sexo. Luego que haya cumplido con este requisito, escuche a la persona mientras habla. ¿Se relaciona usted con lo que se dice o lo rechaza? Pida a otros en su grupo que lo acompañen a tomar café después de la reunión. ¡Conozca a la persona antes de pedirle que sea su mentor!

Si él pide a alguien que le ayude como mentor y él o ella dicen que no, no lo tome como un rechazo personal. Pídaselo a alguien más. Puede, incluso, pedirle a alguien que sea su mentor «temporal».

¿Qué es un compañero a quien rendirle cuentas?

Un compañero a quien rendirle cuentas es alguien a quien usted le pide que le ayude a ser responsable de ciertas áreas o aspectos de su recuperación tales como asistir a las reuniones, escribir en el diario, etcétera. Esta persona puede estar al mismo nivel de recuperación que usted, a diferencia de un mentor, quien debe haber completado los ocho principios o los 12 pasos. El objetivo principal de esta relación es animarse unos a otros. Usted aún puede formar un grupo de rendir cuentas de tres o cuatro personas. El compañero o grupo para rendir cuentas actúa como el «equipo», mientras que el mentor actúa como el «entrenador».

Escriba acerca de esto

1. ¿Por qué es tan importante para usted tener un equipo de apoyo?

2. ¿Qué cualidades busca en un mentor?

3. ¿Ha intentado encontrar un mentor o compañero a quien rendir cuentas?

4. ¿Cuáles son algunos nuevos lugares y maneras en las que puede intentar encontrar un mentor o un compañero a quien rendir cuentas?

5. ¿Cuál es la diferencia entre un mentor y un compañero a quien rendir cuentas?

6. Haga una lista de los nombres y números de teléfonos de posibles mentores o compañeros a quien rendir cuentas. Ellos deben ser personas que usted haya conocido en su «Camino a la Recuperación» y que le han impactado en su momento de compartir sus experiencias, fortalezas y esperanzas.

Inventario

Principio 4: Abiertamente examino y confieso mis faltas a mí mismo, a Dios y a alguien más en quien confío.
Dichosos los de corazón limpio.

Paso 4: Hicimos una búsqueda y un audaz inventario moral minucioso y audaz de nosotros mismos.
Hagamos un examen de conciencia y volvamos al camino del Señor
Lamentaciones 3:40

Introducción

Ahora que tiene la información necesaria y ha construido un equipo a quien rendir cuentas, es tiempo para comenzar a escribir su inventario. Esta lección le proveerá las herramientas que necesita.

¿Cómo empiezo mi inventario?

El Inventario de *Celebremos la Recuperación* está dividido en cuatro secciones. Esto le ayudará a mantenerse enfocado en la realidad y a recordar hechos que ha reprimido. Recuerde, usted no lo hará solo. ¡Está desarrollando un equipo de apoyo para guiarle, pero algo aún más importante, está creciendo en su relación con Jesucristo!

Columna 1: «La Persona»
En esta columna usted hará una lista de la persona u objeto con quien esté resentido o a lo que teme. Vaya tan atrás como pueda en

su pasado. El resentimiento es casi siempre ira y temor que no han sido expresados.

Abandonen toda amargura, ira y enojo, gritos y calumnias, y toda forma de malicia (Efesios 4:31 NVI).

Columna 2: «La Causa»

Se ha dicho que la «gente herida hiere gente». En esta columna usted hará una lista de las acciones específicas que alguien le haya hecho para dañarle. ¿Qué le hizo dicha persona para causarle resentimiento y/o temor? Un ejemplo sería el padre alcohólico que no estaba emocionalmente disponible para usted mientras crecía. Otro ejemplo sería el padre que intentó controlar y dominar su vida. Esta vista reflexiva puede ser muy dolorosa. Pero: «*No temas, pues yo estoy contigo. No te desanimes. Yo soy tu Dios. Yo te fortaleceré; yo te ayudaré; yo te sostendré con mi triunfante diestra*» (Isaías 41:10 PAR).

Columna 3: «El Efecto»

En esta columna escriba cómo estas acciones dolorosas específicas le afectaron en su vida. Haga una lista de los efectos que tuvieron en usted en su pasado y en el presente.

Columna 4: «El Daño»

¿Cuáles instintos básicos fueron dañados?

Social –relaciones rotas, calumnias

Seguridad –seguridad física, pérdida financiera

Sexual –relaciones de abuso, intimidad dañada

No importa cómo haya sido herido, no importa cuánta pérdida haya sufrido, Dios desea consolarle y restaurarle. «*Buscaré a los perdidos y haré volver a los descarriados, vendaré a los heridos y sanaré a los enfermos*» (Ezequiel 34:16 DHH).

Columna 5: «Mi Parte»

Usted necesita preguntarse: «¿Qué parte de mi resentimiento contra otra persona es mi culpa?» Pida a Dios que le muestre lo que le corresponde a usted en un matrimonio, una relación rota o dañada, un hijo o padres distantes, o quizás un trabajo perdido.

«Examíname, oh Dios y conoce mi mente; pruébame, y descubre si hay alguna maldad en mí y guíame en el camino eterno» (Salmo 139:23 DHH).

Por favor, tome nota: Si ha estado en una relación de abuso, especialmente cuando niño, puede encontrar gran libertad en esta parte del inventario. Puede ver que **NO** le corresponde, **NO** es su responsabilidad la causa del resentimiento. Al simplemente escribir las palabras «ninguno» o «no culpable» en la Columna 4, usted puede comenzar a ser libre de la vergüenza mal infundada y la culpa que ha llevado consigo.

Celebremos la Recuperación ha vuelto a escribir el Paso 4 para aquellos que han sido abusados sexual o físicamente:

Más herramientas

1. Memorice Isaías 1:18 (NVI): «Vengan, pongamos las cosas en claro dice el Señor. ¿Son sus pecados como escarlata?¡Quedarán blancos como la nieve! ¿Son rojos como la púrpura?¡Quedarán como la lana!»

2. Lea los versículos «Balanceando la Escala» en la siguiente página.

3. Mantenga su inventario en balance. ¡Haga una lista de las cosas buenas y las malas!

4. Siga desarrollando su equipo de apoyo.

5. Ore continuamente.

Emoción	Escritura Positiva
Incapacidad	*Pues Dios es quien produce en ustedes tanto el querer como el hacer para que se cumpla su buena voluntad* (Filipenses 2:13 NVI).
Vivir en el Pasado	*Por lo tanto, si alguno está en Cristo, es una nueva creación. ¡Lo viejo ha pasado, ha llegado ya lo nuevo!* (2 Corintios 5:17 NVI).
Necesidad	*Así que mi Dios les proveerá de todo lo que necesiten, conforme a las gloriosas riquezas que tiene en Cristo Jesús* (Filipenses 4:19 NVI).
Soledad	*Enseñándoles a obedecer todo lo que les he mandado a ustedes. Y les aseguro que estaré con ustedes siempre, hasta el fin del mundo* (Mateo 28:20 NVI).
Opresión, Dificultad	*El Señor es refugio de los oprimidos; es su baluarte en momentos de angustia* (Salmo 9:9 NVI).
Temor, Duda	*¡Sé fuerte y valiente! ¡No tengas miedo ni te desanimes! Porque el Señor tu Dios te acompañará dondequiera que vayas* (Josué 1:9 NVI).
Melancolía, Apatía	*Este es el día en que el Señor actuó; regocijémonos y alegrémonos en él* (Salmo 118:24 NVI).
Preocupación	*Depositen en él toda ansiedad, porque él cuida de ustedes* (1 Pedro 5:7 NVI).

La Persona	La Causa	El Efecto
¿Quién es el objeto de mi resentimiento o temor?	¿Qué hizo específicamente esa persona que me dañó?	¿Qué efectos tuvo esa actitud en mi vida?

Hagamos un examen de conciencia y volvamos al camino del Señor.
Lamentaciones 3:40

El Daño	Mi Parte
¿Qué daño hizo esa actitud a mis instintos básicos, sociales, de seguridad y /o sexuales?	¿De qué parte del resentimiento soy responsable?

Inventario Espiritual Parte 1

Principio 4: Abiertamente examino y confieso mis faltas a mí mismo, a Dios y a alguien en quien confío.
Dichosos los de corazón limpio.

Paso 4: Hicimos una búsqueda y un audaz inventario moral de nosotros mismos.
Hagamos un examen de conciencia y volvamos al camino del Señor.
Lamentaciones 3:40

Introducción

Examíname, oh Dios, y sondea mi corazón; ponme a prueba y sondea mis pensamientos. Fíjate si voy por mal camino, y guíame por el camino eterno (Salmo 139:23-24 NVI).

La siguiente lista muestra algunos defectos (pecados) que pueden evitar que Dios obre efectivamente en nuestras vidas. ¡Leerla y escudriñar su corazón le ayudarán a comenzar su inventario!

Relacionarse con otros
Perdónanos nuestras deudas, como también nosotros hemos perdonado a nuestros deudores. Y no nos dejes caer en tentación, sino líbranos del maligno (Mateo 6:12-13 NVI).

- ¿Quién le ha dañado?
- ¿Contra quién ha estado sintiendo rencor?

- ¿Contra quién está buscando venganza?
- ¿Está celoso de alguien?
- ¿A quién ha criticado o de quién ha chismeado?
- ¿Ha justificado su mala actitud al decir que es culpa de «otros»?

(Nota: La gente que mencione en esta área va a ir en la columna uno en la hoja de su inventario.)

Prioridades en la vida

Más bien, busquen primeramente el reino de Dios y su justicia, y todas estas cosas les serán añadidas (Mateo 6:33 NVI).

- Luego de aceptar a Jesucristo, ¿en cuáles áreas de su vida todavía no está poniendo a Dios primero?

- ¿Qué parte de su pasado le está interfiriendo con hacer la voluntad de Dios? ¿Sus ambiciones? ¿Placeres? ¿Trabajo? ¿Dinero? ¿Amistades? ¿Metas personales?

Actitud

Deshágan se de toda clase de amargura, pasión e ira. No haya más gritos o insultos. No más sentimientos de odio o de ninguna clase (Efesios 4:31 DHH).

- ¿Se ha quejado siempre de sus circunstancias?
- ¿De cuáles áreas de su vida no está agradecido?
- ¿Se ha molestado o explotado con alguien fácilmente?
- ¿Ha sido sarcástico?
- ¿Qué parte de su pasado le está causando temor o ansiedad?

Integridad

Dejen de mentirse unos a otros, ahora que se han quitado el ropaje de la vieja naturaleza con sus vicios (Colosenses 3:9 NVI).

- ¿En qué negocios fue deshonesto?
- ¿Ha robado cosas?
- ¿Ha exagerado para verse mejor?
- ¿En qué áreas de su pasado ha utilizado falsa humildad?
- ¿Ha pretendido vivir de una forma frente a sus amigos cristianos y de otra en su casa o en el trabajo?
- ¿Ya ha memorizado Isaías 1:18 (LBAD)?

«¡Vengan y aclaremos las cosas!, dice el Señor; por profunda que sea la mancha de sus pecados, yo puedo quitarla y dejarlos tan limpios como nieve recién caída. ¡Aunque sus manchas sean rojas como el carmesí, yo puedo volverlas blancas como la lana!»

Escriba acerca de esto

1. Relacionarse con otros

- ¿Quién le ha dañado? (Vaya tan atrás en su pasado como pueda.) ¿Cómo fue que le dañaron específicamente?

- ¿Contra quién está guardando rencor o buscando venganza?

• ¿De quién está celoso? (en el pasado o en el presente). ¿Por qué?

• ¿A quién ha criticado o de quién ha chismeado? ¿Por qué?

• ¿De qué manera ha intentado culpar a alguien más? (Sea específico.)

• ¿Qué nuevas amistades sanas ha adquirido desde que ha estado en recuperación?

2. Prioridades en la vida

- ¿Qué áreas de su vida ha sido capaz de entregar a su Poder Superior, Jesucristo?

- Luego de vivir el principio 3, ¿en qué áreas de su vida no está poniendo a Dios primero? ¿Por qué?

- En su pasado, ¿qué le está deteniendo a buscar y seguir la voluntad de Dios para su vida?

- Enumere la siguiente lista en orden de acuerdo a sus prioridades personales.

        _____carrera
        _____familia
        _____iglesia
        _____Cristo
        _____amigos
        _____dinero
        _____ministerio

• ¿Cuáles son sus metas personales para los próximos noventa días? (Sea sincero)

3. Actitud

• ¿Por qué áreas de su vida está agradecido?

• En el pasado, ¿por cuáles cosas ha sido desagradecido?

• ¿Qué le causa perder el control?

- ¿Con quién ha sido sarcástico en el pasado? (Dé ejemplos).

- ¿Sobre qué aspecto de su pasado todavía está preocupado?

- ¿Cómo ha mejorado su actitud desde que ha estado en recuperación?

4. Integridad

- En el pasado, ¿cómo ha exagerado para verse bien ante otros? (Dé ejemplos.)

- Como cristiano¿está de acuerdo su andar con su hablar? ¿Es su comportamiento el mismo en las reuniones de recuperación, la iglesia, casa y trabajo?

- ¿En qué áreas de su pasado ha usado falsa humildad para impresionar a alguien?

- ¿Han sido deshonestos algunos de sus negocios del pasado? ¿Alguna vez ha robado?

- Haga una lista de las maneras en que ha sido capaz de salir de su negación (pensamientos deshonestos /desorientados) hacia la verdad de Dios.

Inventario Espiritual Parte 2

Principio 4: Abiertamente examino y confieso mis faltas a mí mismo, a Dios y a alguien en quien confío.
Dichosos los de corazón limpio.

Paso 4: Hicimos una búsqueda y un audaz inventario moral.
Hagamos un examen de conciencia y volvamos al camino del Señor.
Lamentaciones 3:40

Piense en esto

Examíname, oh Dios, y sondea mi corazón; ponme a prueba y sondea mis pensamientos. Fíjate si voy por mal camino, y guíame por el camino eterno (Salmo 139:23-24 NVI).

Lo siguiente lista muestra la segunda mitad de la lista de nuestros defectos (pecados) que pueden evitar que Dios obre efectivamente en nuestras vidas. ¡Leerla y escudriñar su corazón le ayudará a comenzar su inventario!

Su mente

No se amolden al mundo actual, sino sean transformados mediante la renovación de su mente. Así podrán comprobar cuál es la voluntad de Dios, buena, agradable y perfecta (Romanos 12:2 NVI).

- ¿Cómo ha guardado su mente en el pasado? ¿Negación?
- ¿Ha llenado su mente con películas, programas de televisión, revistas, libros perjudiciales y nocivos?
- ¿Ha fallado al concentrarse en las verdades positivas de la Biblia?

Su cuerpo

¿Acaso no saben que su cuerpo es templo del Espíritu Santo, quien está en ustedes y al que han recibido de parte de Dios? Ustedes no son sus propios dueños; fueron comprados por un precio. Por tanto, honren con su cuerpo a Dios (1 Corintios 6:19-20 NVI).

- ¿En qué forma en el pasado ha maltratado su cuerpo?
- ¿Ha abusado del alcohol y otras drogas? ¿Comida? ¿Sexo?
- ¿Qué actividades o hábitos pasados le causaron daño a su salud física?

Su familia

Pero si a ustedes les parece mal servir al Señor, elijan ustedes mismos a quiénes van a servir: a los dioses que sirvieron sus antepasados al otro lado del río Éufrates, o a los dioses de los amorreos, en cuya tierra ustedes ahora habitan. Por mi parte, mi familia y yo serviremos al Señor (Josué 24:15 NVI).

- En el pasado, ¿ha maltratado a alguien en su familia?
- ¿Contra cuál de sus familiares tiene resentimiento?
- ¿A quién le debe disculpas?
- ¿Cuál es el secreto de la familia que usted ha estado negando?

Su iglesia

No dejemos de congregarnos, como acostumbran hacerlo algunos, sino animémonos unos a otros, y con mayor razón ahora que vemos que aquel día se acerca (Hebreos 10:25 NVI).

- ¿Ha sido fiel a su iglesia en el pasado?
- ¿Ha criticado en lugar de ser un miembro activo?
- En el pasado, ¿ha desanimado el apoyo de su familia a la iglesia?

Al seguir su inventario, comprométase a aprender de memoria el Salmo 139:23-24 (NVI) y úselo como una oración:

Examíname, oh Dios, y sondea mi corazón; ponme a prueba y sondea mis pensamientos. Fíjate si voy por mal camino, y guíame por el camino eterno

Escriba sobre esto

1. Su Mente

- Desde que aceptó a Cristo como su Poder Superior, ¿cómo ha transformado Dios su mente? (Romanos 12:2) ¿Qué patrones del mundo ha abandonado?

- ¿Cómo ha utilizado la negación para intentar guardar su mente?

- ¿Ha llenado, o está llenando su mente con películas, programas de televisión, revistas o libros nocivos y perjudiciales?

- ¿Ha fallado al concentrarse en las verdades positivas de la Biblia? (Sea específico.)

2. Su cuerpo

- ¿Qué actividades o hábitos pasados le causaron daño a su salud física?

- ¿De qué manera ha maltratado su cuerpo?

- ¿Ha abusado del alcohol u otras drogas? ¿Comida? ¿Sexo?

- ¿Qué ha hecho para restaurar el templo de Dios?

3. Su Familia

- ¿Ha maltratado a alguien en su familia en forma verbal, emocional o física?

- ¿Contra quién en su familia guarda rencor? ¿Por qué?

- ¿Puede pensar en alguien a quien le deba disculpas? ¿Por qué? (¡No se preocupe por arreglar la situación en este momento! Eso será en el Principio 6.)

- ¿Cuál es el «secreto de la familia» que ha estado negando?

- ¿Cómo han mejorado sus amistades desde que ha estado en recuperación? (Sea específico.)

4. Su iglesia

• ¿Cómo enumeraría su antigua participación en su iglesia?

_____ Muy involucrado
_____ Miembro semiactivo
_____ Mimbro regular
_____ Asistente
_____ Asistente sólo en ocasiones especiales
_____ Nunca asistió

¿Antes de su recuperación, cuál era la razón más importante para asistir a la iglesia?

¿Ha intentado alguna vez desanimar a algún miembro de su familia en cuanto a involucrarse en la iglesia? ¿Cómo?

¿Cómo ha crecido su compromiso con su iglesia desde que comenzó su recuperación (Dé ejemplos.)

EPÍLOGO

Al completar las cinco lecciones de la mejor forma posible, la palabra que más se merece es **¡FELICIDADES**! Ahora está listo para avanzar a la próxima parte del Principio 4: Confesar sus faltas a Dios, a usted mismo y a otra persona en quien confía. Dar este paso lo llevará a la libertad de su pasado. No solamente encontrará libertad al compartir los secretos de su pasado con otra persona, sino que también recibirá la «perfecta libertad» del completo perdón de Dios para todos sus defectos y pecados del pasado. ¡Esas son las Buenas Nuevas!

Nos agradaría recibir noticias suyas.
Por favor, envíe sus comentarios sobre este libro
a la dirección que aparece a continuación.
Muchas gracias.

ZONDERVAN

Editorial Vida
7500 NW 25 Street, Suite 239
Miami, Florida 33122

Vidapub.sales@zondervan.com
http://www.editorialvida.com